“*Un llibre molt útil per als nois i noies que busquen respostes i explicacions als canvis que es produeixen en el cos de les noies entre els vuit i els tretze anys. Com diu el títol: per saber-ne més sobre la pubertat de les nenes.*”

La invitació a la lectura
Jaume Centelles

“*Tota una ajuda per aclarir els dubtes sobre aquesta etapa vital sobre la que encara hi ha moltes pors i tabús que entre totes i tots hem d'acabar superant.*”

Ara Criatures
Mireia Esparza

Per a en Quim i en Max

**i també per a en Marc, l'Àlex, en Pol,
en Pau, l'Eric, l'Arnau, en Maurici, en Dídac,
en Raimon, en Manel, en Biel, en Martí,
en Jan, l'Hugo, el Daniel, en Gerard,
en Víctor, en Joel i la Raquel...**

Provença, 101 - 08029 Barcelona
info@editorialjuventud.es
www.editorialjuventud.es
Disseny i maquetació: Mercedes Romero

Primera edició, setembre del 2018
Segona edició, març del 2019
Tercera edició, juny del 2021

ISBN: 978-84-261-4485-0

DL B 5280-2018
Núm. d'edició d'E. J.: 14.031

Printed in Spain
Gràfiques 94, Sant Quirze del Vallès (Barcelona)

MÒNICA PEITX

EN BRU ES FA GRAN

PER SABER-NE MÉS SOBRE LA PUBERTAT DELS NENS

Il·lustracions de CRISTINA LOSANTOS

JOVENTUT

Jugo a futbol amb l'equip del meu barri, no som els més bons però ens ho passem molt bé junts. També m'agrada anar amb patinet.

Tinc una germana de 12 anys que es diu Mia. Abans érem quasi iguals d'alts però aquest any ella ha crescut molt i jo en canvi sembla que m'estigui quedant petit.

Aquest matí anirem amb els pares a comprar al centre. Necessitem unes vambes de futbol per a mi i uns pantalons per a la Mia. Els meus peus no paren de créixer.

Amb la Mia ens ho passem molt bé, tot i que ara només vol estar amb les seves amigues o escoltar música a la seva habitació. Quan em vol fer enfadar em diu **Mini-Bru**. La mare em recomana que no li faci cas.

Demà anirem a la revisió de la pediatra.
Tinc ganes de preguntar-li quan començaré
a créixer..., o si em quedaré petit...
i amb uns peus enormes.

La Mia ha demanat a la mare si podem entrar a la consulta per separat. Deu ser perquè li estan creixent els pits i li fa vergonya...

Per sort no toquen vacunes, només mirarà si estem creixent com cal. La pediatra ens repassa tot el cos, com quan els pares porten el cotxe al mecànic per a la revisió...

Ja em toca!

La pediatra em pesa i em mesura, i diu que tot va bé. Em pregunta si faig esport, si menjo de tot, si dormo bé, si faig caques cada dia, i també em pregunta per l'escola i els amics... Llavors, quan ho ha apuntat tot al seu ordinador, el pare li pregunta el que em té preocupat a mi:

La pediatra ens explica que els nois comencen a créixer més tard que les noies.

... Oh, però
en Max, un amic de classe
que va néixer el mateix dia
que jo, ja està creixent
molt...!

Llavors la pediatra m'ha preguntat:

Doncs amb les persones passa el mateix:
hi ha nens que fan la pubertat més d'hora,
d'altres més tard. Això s'hereta força:
si el pare va créixer tard, segurament
tu també seràs dels últims a canviar...

L'alçada d'una persona depèn de la dels seus pares, com el color de la pell o dels ulls. Normalment qui comença a créixer abans, acaba abans.

Cada nen té una TALLA DIANA, que és com anomenem els metges la talla més probable segons l'alçada dels pares Tu mateix pots calcular-la, Bru:

PER ALS NOIS

$$= \frac{\text{TALLA PARE} + \text{TALLA MARE} + 13}{2}$$

PER A LES NOIES

$$= \frac{\text{TALLA PARE} + \text{TALLA MARE} - 13}{2}$$

El número que surt més/menys 5,
ens donarà la teva futura talla més probable,
és a dir la talla familiar.

EXEMPLE: TALLA DIANA PER A UN NOI

$$= \frac{\underset{\text{talla pare}}{170\text{ cm}} + \underset{\text{talla mare}}{160\text{ cm}} + 13}{2} = 171{,}5 \quad \begin{cases} +5 \rightarrow 176{,}5\text{ cm} \\ -5 \rightarrow 166{,}5\text{ cm} \end{cases}$$

I de què dependrà?

És com una loteria, toca el que toca, com el color dels ulls o la forma del nas..., si no, tots els germans serien iguals, i no sabríem qui és qui!

A part d'aquesta talla diana, hi ha altres coses que influeixen, com ara algunes malalties o la manera com cuides el teu cos. Per això l'hem de tractar molt bé, només en tenim un i és per a tota la vida...

La pediatra ens explica un munt de coses:

La pubertat dels nois comença des de la glàndula hipòfisi, l'ordinador central que controla totes les hormones.

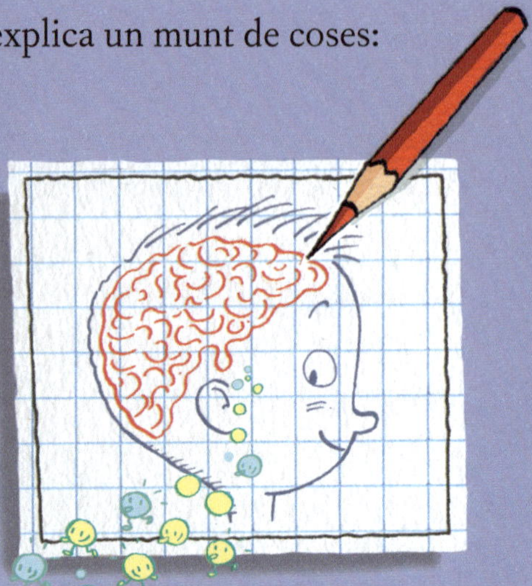

Aquesta glàndula produeix i envia 2 hormones missatgeres, la LH i la FSH, que faran créixer el que serà la fàbrica de la testosterona: els testicles.

Quan neix un bebè, els seus testicles tenen la mida d'una oliva petita i no creixen fins als 11 anys quan la hipòfisi dona l'ordre de començar el procés de fer-se gran, la pubertat.

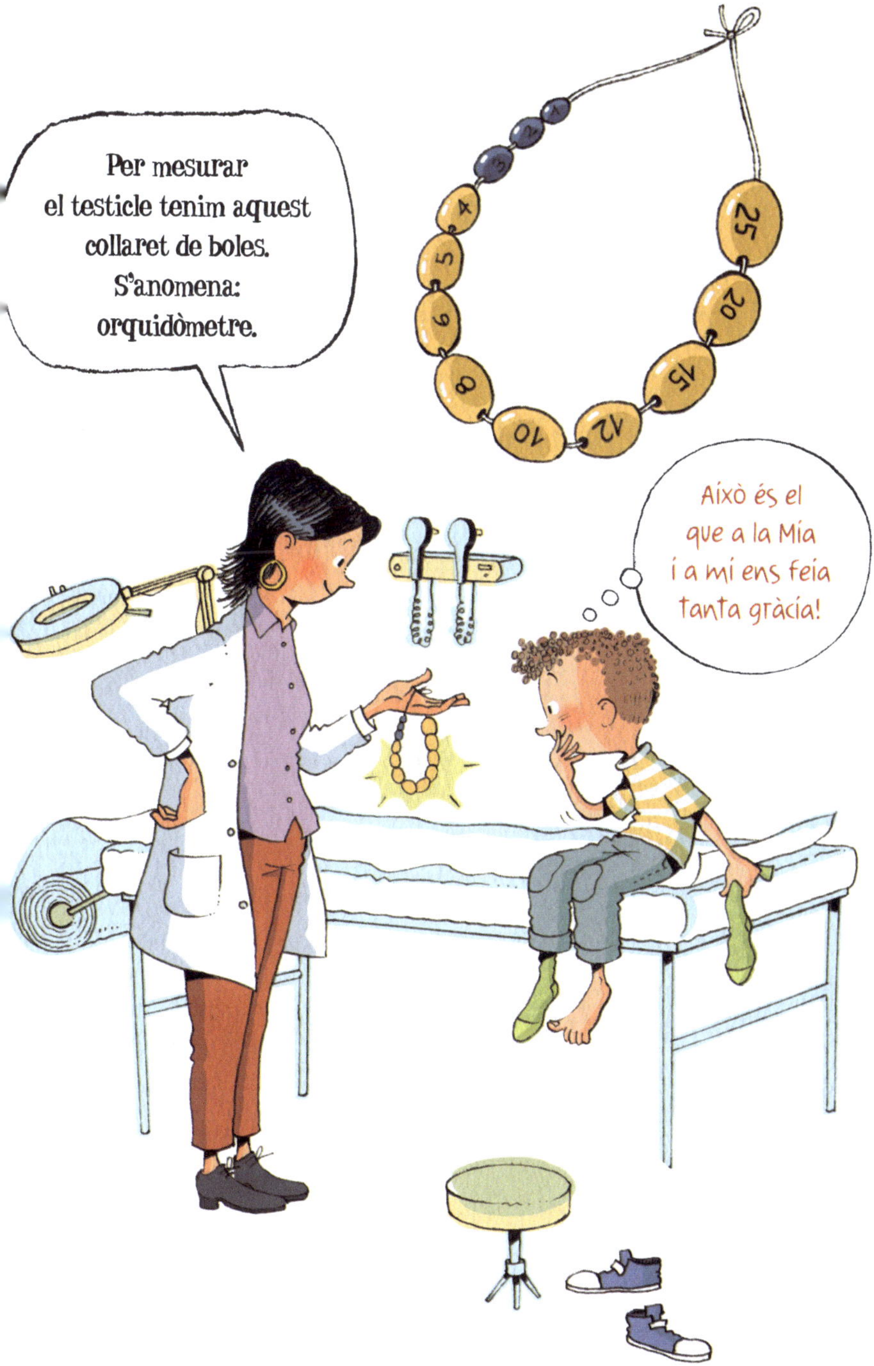
Per mesurar el testicle tenim aquest collaret de boles. S'anomena: orquidòmetre.
Això és el que a la Mia i a mi ens feia tanta gràcia!
1
2
3
4
5
6
8
10
12
15
20
25

Aquest any, a classe de medi natural, ens han explicat l'aparell reproductor i hem après moltes coses dels testicles:

De testicles, se'n tenen 2, i estan col·locats en una bossa de pell que s'anomena escrot. En estar fora del cos, estan 1 grau més freds que la temperatura corporal. L'esquerre sol estar més avall i el dret més amunt.

Quan el fetus s'està formant a la panxa de la mare, els testicles es desenvolupen en l'interior del cos a prop dels ronyons. Cap al 3r mes d'embaràs baixen per un conducte que hi ha als engonals fins a l'escrot. De vegades pot ser que hi hagi algun problema i no baixin. Els metges ho anomenen criptorquídia.

Ja he fet 11 anys

Avui ens toca pediatra altra vegada. Crec que els meus testicles han començat a créixer però jo encara no.

Doncs mira, Bru, has començat la pubertat: els teus testicles estan començant a créixer, però encara són petits per produir hormones; caldrà esperar uns mesos. Mentre els testicles es van fent grans s'atura una mica el creixement i pot ser normal créixer només 3 cm en tot l'any. Durant aquest període els peus creixen molt però després s'aturen.

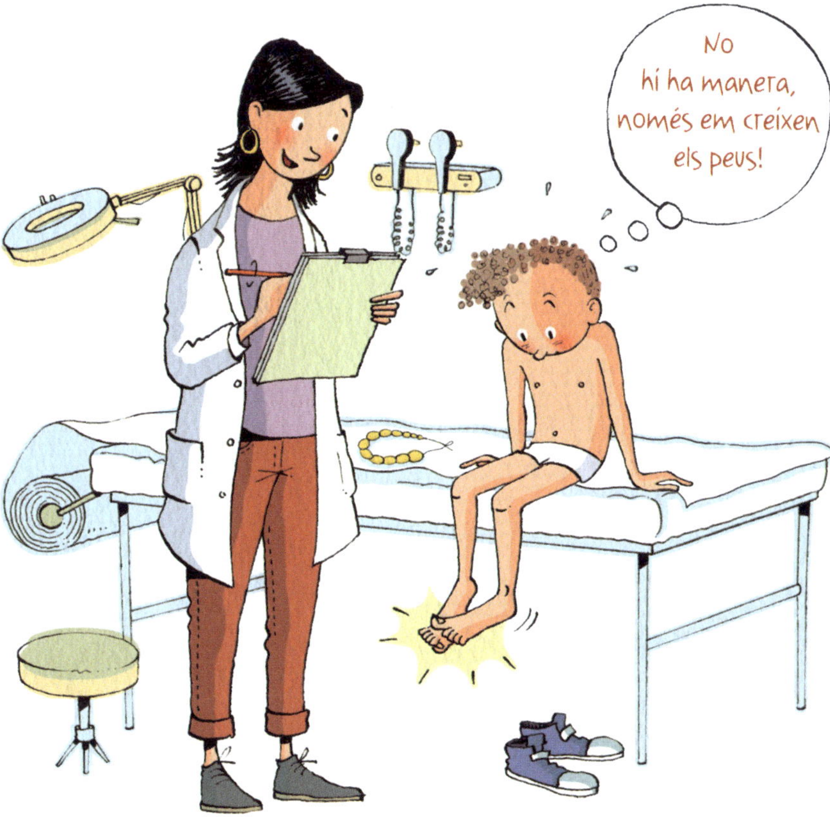

La pediatra també s'assegura que la pell del penis estigui bé i que els testicles estiguin a la bossa; això fa una mica d'angúnia i pessigolles...

La pediatra segueix explicant:

Llavors, quan el testicle està prou gran comença a produir testosterona, que és una hormona de la família dels andrògens.

Els andrògens són els principals protagonistes dels canvis de la pubertat. Hi ha una glàndula petitona i triangular a sobre del ronyó, la glàndula suprarenal, que produeix uns andrògens una mica diferents...

... que juntament amb l'hormona del creixement ajudaran a fer l'estirada. Durant aquest període de temps es creix de 6 a 12 cm en un any.

Avui surto més content, ja falta menys!
Abans de marxar ens ha donat resumit en un paper
tot el que cal fer per créixer bé.

Trobaràs
els 10 trucs
per créixer sa
al final del llibre.

Per fi s'acosta l'estiu!

Avui hem tingut classe de gimnàstica.
Quan hem entrat a l'aula la mestra ens ha dit
que ja fèiem olor d'adolescents.

Ens ha parlat de la pubertat i de les hormones i ens ha dit que era molt important que tothom es dutxés cada dia. A mi de vegades em fa una mica de mandra dutxar-me però després m'agrada fer olor de net. Li diré al pare si em puc posar desodorant del seu.

Una cosa que em preocupa de les hormones
és que crec que també poden fer sortir granets.
Espero que no me'n surtin gaires...

La mare m'ha dit:

Per tenir els grans controlats cal que la cara estigui ben neta, i si amb això no n'hi ha prou, la pediatra ja ens dirà què cal fer. I si no, també hi ha el dermatòleg, que és l'especialista de la pell. Amb tanta gent segur que podrem guanyar la batalla als grans!

Finalment han arribat les vacances!

Aquest estiu ho estem passant molt bé, ens deixen anar d'excursió sols amb la colla del poble. Els pares m'han fet un súper regal que feia molt que demanava i que és molt millor que el patinet...

En Guillem, el més gran de la colla,
és quasi tan alt com el seu pare i té pèl per tot el cos. Jo ja en tinc algun! L'altre dia vaig llegir que també són els andrògens els que fan sortir els pèls, primer de tot al pubis, després a les aixelles i finalment a la cara i al pit. També fan que et facis més fort, que tinguis més múscul.

Ja som a secundària!

He de demanar als pares que em facin l'entrepà més gran: tinc molta gana, deu ser perquè estic fent l'estirada.

Avui al pati hem tingut un problema.
En Marc li ha cridat al Pere: «Cacauet!»,
perquè encara té el penis petit,
i en Pere li ha estripat els deures.

La mestra se n'ha assabentat i crèiem
que els castigaria, però...

... en arribar a classe,
en lloc de parlar del tema
que ens tocava, ha dit:

Tenim molts altres noms per anomenar-lo...

Igual que el nas o les orelles, hi ha penis de moltes mides i colors diferents. Abans de la pubertat, el penis és petit i després, gràcies als andrògens, creix.

Primer alguns han rigut una mica, però la mestra ens ha dit que demà ens faria examen i hem començat a prendre apunts. No tot ho sabíem...

EL PENIS TÉ UN SOL CONDUCTE QUE ES DIU URETRA PER ON SURTEN 2 TIPUS DE LÍQUIDS: L'ORINA I L'ESPERMA

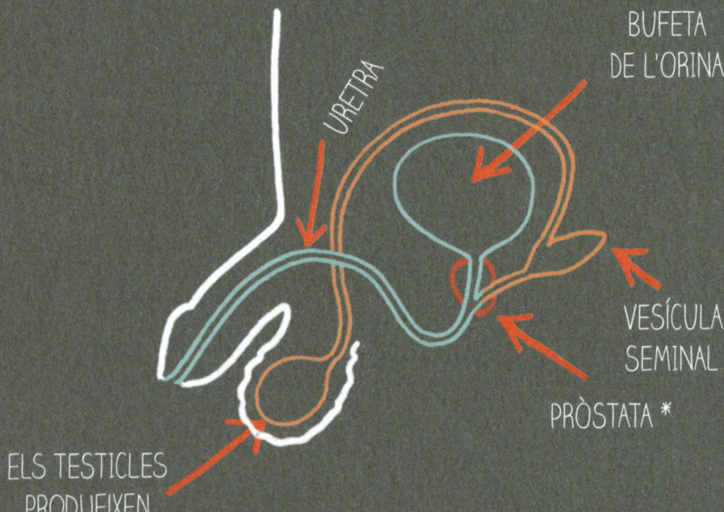

* AJUDEN ELS TESTICLES A LA PRODUCCIÓ DEL SEMEN

Consell:
Quan no estàs operat, a sota de la pell hi poden quedar restes de pipí, per això és important rentar bé tota la zona quan et dutxes.

Per dins del penis hi ha tota una
sèrie de vasos sanguinis.

L'esperma és el líquid que en un futur servirà per tenir fills. De vegades aquest esperma acumulat pot sortir a la nit sense que ens n'adonem en forma d'un líquid blanc i una mica enganxifós.

Al final de curs hem organitzat un concert.
El professor de música ens ha posat per grups
segons les veus. Alguns encara canten amb les noies.
Ens ha explicat que el **canvi de veu** o **muda vocal**
és també per culpa de la testosterona. Les cordes
vocals creixen uns 10 mm i es fan més gruixudes.

La veu es fa una octava més greu i mentre les cordes creixen et pot sortir un soroll estrany que anomenen gall –no sé per què es diu així.

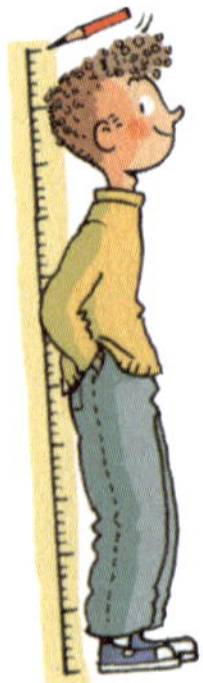

Ja he fet 13 anys

i soc una mica més alt que la mare. Pel meu aniversari m'han regalat una afaitadora, tinc un borrissol sota el nas i ja estic fart que tothom me'l miri.

Ara vaig a tot arreu amb skate
i m'agrada escoltar la meva música...

Quin pal, avui pediatra un altre cop! Em fa una mica de vergonya perquè ja m'ha crescut una mica el penis i tinc pèls per tot arreu. Però això és el que li passa a tothom quan es fa gran, oi?

Els pares estan preocupats perquè tinc una petita boleta sota el mugró, però la doctora no li dona cap importància i comenta que de vegades s'inflama el pit durant la pubertat, per culpa de les hormones.

Fer-se gran té una mica de tot; et deixen fer moltes més coses. L'altre dia vam anar al cinema amb els amics. Ja tinc la clau de casa i em quedo sol moltes estones. També tinc mòbil i ordinador. He d'estudiar força, però temes més interessants. Al futbol puc córrer més ràpid i tinc molta més força que l'any passat. Diuen que com que soc gran haig d'ajudar a casa. El que menys m'agrada és endreçar l'habitació, i el que més, fer el sopar. L'altre dia vaig fer una truita boníssima: el pare diu que potser de gran seré cuiner...

Resumint: fer-se gran és fantàstic, vull dir que ho peta o que és total, molt guai i, si no, ja ho veuràs!

La Mònica amb 11 anys

MÒNICA PEITX és pediatra especialitzada en Endocrinologia i Nutrició, i treballa a Barcelona. Està casada amb un metge i té un fill i una filla de 16 i 19 anys. Li agrada el sol, el mar, pintar, escriure i anar en bicicleta. És una enamorada de Menorca i de la seva feina. El 2008 va escriure el primer conte, per a nens amb sobrepès i obesitat: *El conte d'en Max*. El seguiren *El conte de l'Aina*, sobre diabetis, i *El conte d'en Quim*, que parla de l'alçada. Amb *La Mia es fa gran* deixa de parlar d'un trastorn per escriure sobre un procés fisiològic i fascinant: la pubertat; i ha guanyat els premis Crítica Serra D'Or, 2017 i Jaume Aiguader i Miró de divulgació i educació sanitàries, 2017.

La Cristina amb 10 anys

CRISTINA LOSANTOS és llicenciada en Belles Arts per la Universitat de Barcelona. Des del 1985 es dedica professionalment a la il·lustració de manera exclusiva. Treballa per a moltes editorials d'aquí i d'Europa. Col·labora periòdicament en diaris i revistes com *l'Avui*, *Cavall Fort* i *El Tatano*. L'any 1998 va guanyar el 2n Premi Nacional d'Il·lustració atorgat pel Ministeri de Cultura, i l'any 2007 el 1r premi del Concurs d'Humor Gràfic Esportiu, convocat per la Fundació Catalana de l'Esport.

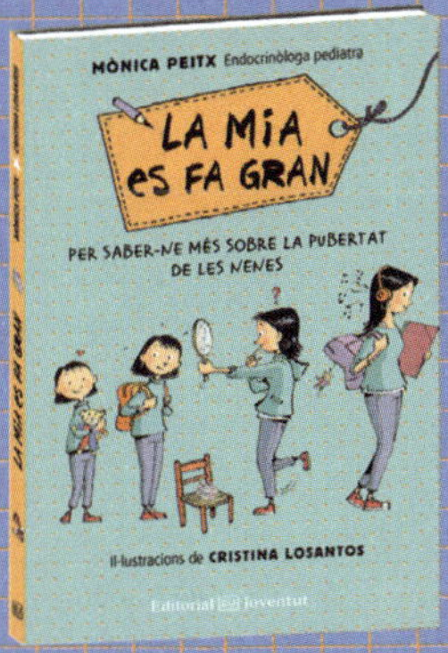

PREMI
Serra d'Or
2017

PREMI
Jaume Aiguader i Miró
2017

ELS MEUS 10 TRUCS PER CRÉIXER SA

- Menjo 3 fruites i 2 racions de verdures al dia (vitamines i energia)
- Prenc 3 làctics cada dia: llet, iogurt o formatge (calci per als ossos)
- Almenys un cop al dia menjo carn, pollastre, peix, ous, tofu... (proteïnes per construir els teixits)
- Llegums un parell de vegades a la setmana (fibra i ferro)
- Esmorzo bé: una fruita i un làctic a casa i un entrepà al l'escola
- Refrescos, caramels i llaminadures, galetes i pastisseria només en ocasions especials
- Em dutxo cada dia
- Em rento les dents després de cada menjada
- Dormo 9 o 10 hores
- Faig esport cada dia